TRANZLATY

Sprache ist für alle da

Jezik je za sve

Die Schöne und das Biest

Ljepotica i Zvijer

Gabrielle-Suzanne Barbot de Villeneuve

Deutsch / Hrvatski

Copyright © 2025 Tranzlaty
All rights reserved
Published by Tranzlaty
ISBN: 978-1-80572-004-1
Original text by Gabrielle-Suzanne Barbot de Villeneuve
La Belle et la Bête
First published in French in 1740
Taken from The Blue Fairy Book (Andrew Lang)
Illustration by Walter Crane
www.tranzlaty.com

Es war einmal ein reicher Kaufmann
Bio jednom jedan bogati trgovac
dieser reiche Kaufmann hatte sechs Kinder
ovaj bogati trgovac imao je šestero djece
Er hatte drei Söhne und drei Töchter
imao je tri sina i tri kćeri
Er hat keine Kosten für ihre Ausbildung gescheut
nije štedio za njihovo obrazovanje
weil er ein vernünftiger Mann war
jer je bio razuman čovjek
aber er gab seinen Kindern viele Diener
ali je svojoj djeci dao mnogo slugu
seine Töchter waren überaus hübsch
njegove su kćeri bile izuzetno lijepe
und seine jüngste Tochter war besonders hübsch
a posebno je bila lijepa njegova najmlađa kći
Schon als Kind wurde ihre Schönheit bewundert
kao dijete već su se divili njezinoj ljepoti
und die Leute nannten sie nach ihrer Schönheit
a narod ju je prozvao po ljepoti
Ihre Schönheit verblasste nicht, als sie älter wurde
njezina ljepota nije nestala kako je starila
Deshalb nannten die Leute sie weiterhin wegen ihrer Schönheit
pa ju je narod stalno prozivao po ljepoti
das machte ihre Schwestern sehr eifersüchtig
zbog toga su njezine sestre bile vrlo ljubomorne
Die beiden ältesten Töchter waren sehr stolz
dvije najstarije kćeri imale su veliki ponos
Ihr Reichtum war die Quelle ihres Stolzes
njihovo je bogatstvo bilo izvor njihovog ponosa
und sie verbergen ihren Stolz nicht
a nisu krili ni ponos
Sie besuchten nicht die Töchter anderer Kaufleute
nisu posjećivali kćeri drugih trgovaca
weil sie nur mit Aristokraten zusammentreffen

jer se susreću samo s aristokracijom
Sie gingen jeden Tag zu Partys
izlazili su svaki dan na zabave
Bälle, Theaterstücke, Konzerte usw.
balovi, predstave, koncerti i tako dalje
und sie lachten über ihre jüngste Schwester
a smijali su se svojoj najmlađoj sestri
weil sie die meiste Zeit mit Lesen verbrachte
jer je većinu vremena provodila čitajući
Es war allgemein bekannt, dass sie reich waren
dobro se znalo da su imućni
so hielten mehrere bedeutende Kaufleute um ihre Hand an
pa je nekoliko uglednih trgovaca zatražilo njihovu ruku
aber sie sagten, sie würden nicht heiraten
ali rekli su da se neće vjenčati
aber sie waren bereit, einige Ausnahmen zu machen
ali su bili spremni napraviti neke iznimke
„Vielleicht könnte ich einen Herzog heiraten"
"Možda bih se mogla udati za vojvodu"
„Ich schätze, ich könnte einen Grafen heiraten"
"Pretpostavljam da bih se mogla udati za Earla"
Schönheit dankte sehr höflich denen, die ihr einen Antrag gemacht hatten
Ljepotica je vrlo civilizirano zahvalila onima koji su je zaprosili
Sie sagte ihnen, sie sei noch zu jung zum Heiraten
rekla im je da je još premlada za udaju
Sie wollte noch ein paar Jahre bei ihrem Vater bleiben
htjela je ostati još nekoliko godina s ocem
Auf einmal verlor der Kaufmann sein Vermögen
Odjednom je trgovac izgubio svoje bogatstvo
er verlor alles außer einem kleinen Landhaus
izgubio je sve osim male seoske kuće
und er sagte seinen Kindern mit Tränen in den Augen:
i rekao je svojoj djeci sa suzama u očima:
„Wir müssen aufs Land gehen"

"moramo ići na selo"
„und wir müssen für unseren Lebensunterhalt arbeiten"
"i moramo raditi za život"
die beiden ältesten Töchter wollten die Stadt nicht verlassen
dvije najstarije kćeri nisu htjele otići iz grada
Sie hatten mehrere Liebhaber in der Stadt
imali su nekoliko ljubavnika u gradu
und sie waren sicher, dass einer ihrer Liebhaber sie heiraten würde
i bili su sigurni da će ih jedan od njihovih ljubavnika oženiti
Sie dachten, ihre Liebhaber würden sie heiraten, auch wenn sie kein Vermögen hätten
mislili su da će ih njihovi ljubavnici oženiti čak i bez imanja
aber die guten Damen haben sich geirrt
ali su se dobre dame prevarile
Ihre Liebhaber verließen sie sehr schnell
njihovi su ih ljubavnici vrlo brzo napustili
weil sie kein Vermögen mehr hatten
jer više nisu imali bogatstva
das zeigte, dass sie nicht wirklich beliebt waren
to je pokazalo da ih se zapravo ne voli
alle sagten, sie verdienen kein Mitleid
svi su rekli da ne zaslužuju sažaljenje
„Wir sind froh, dass ihr Stolz gedemütigt wurde"
"drago nam je vidjeti njihov ponos ponižen"
„Lasst sie stolz darauf sein, Kühe zu melken"
"neka se ponose kravama muzarama"
aber sie waren um Schönheit besorgt
ali su bili zabrinuti za ljepotu
sie war so ein süßes Geschöpf
bila je tako slatko stvorenje
Sie sprach so freundlich zu armen Leuten
tako je ljubazno razgovarala sa siromašnim ljudima
und sie war von solch unschuldiger Natur
a bila je tako nevine naravi
Mehrere Herren hätten sie geheiratet

Nekoliko bi je gospode oženilo
Sie hätten sie geheiratet, obwohl sie arm war
bili bi je oženili iako je bila siromašna
aber sie sagte ihnen, sie könne sie nicht heiraten
ali im je rekla da se ne može udati za njih
weil sie ihren Vater nicht verlassen wollte
jer ne bi ostavila oca
sie war entschlossen, mit ihm aufs Land zu fahren
bila je odlučna otići s njim na selo
damit sie ihn trösten und ihm helfen konnte
kako bi ga mogla utješiti i pomoći mu
Die arme Schönheit war zunächst sehr betrübt
Jadna ljepotica isprva je bila jako ožalošćena
sie war betrübt über den Verlust ihres Vermögens
bila je ožalošćena zbog gubitka svog bogatstva
„Aber Weinen wird mein Schicksal nicht ändern"
"ali plakanje neće promijeniti moju sudbinu"
„Ich muss versuchen, ohne Reichtum glücklich zu sein"
"Moram se pokušati usrećiti bez bogatstva"
Sie kamen zu ihrem Landhaus
došli su u svoju seosku kuću
und der Kaufmann und seine drei Söhne widmeten sich der Landwirtschaft
a trgovac i njegova tri sina posvetili su se stočarstvu
Schönheit stand um vier Uhr morgens auf
ljepota je ustala u četiri ujutro
und sie beeilte sich, das Haus zu putzen
a ona je požurila pospremiti kuću
und sie sorgte dafür, dass das Abendessen fertig war
a ona se pobrinula da večera bude spremna
ihr neues Leben fiel ihr zunächst sehr schwer
u početku joj je novi život bio vrlo težak
weil sie diese Arbeit nicht gewohnt war
jer nije bila navikla na takav posao
aber in weniger als zwei Monaten wurde sie stärker
ali je za manje od dva mjeseca ojačala

und sie war gesünder als je zuvor
i bila je zdravija nego ikad prije
nachdem sie ihre arbeit erledigt hatte, las sie
nakon što je obavila svoj posao čitala je
sie spielte Cembalo
svirala je na čembalu
oder sie sang, während sie Seide spann
ili je pjevala dok je prela svilu
im Gegenteil, ihre beiden Schwestern wussten nicht, wie sie ihre Zeit verbringen sollten
naprotiv, njezine dvije sestre nisu znale kako provoditi vrijeme
Sie standen um zehn auf und taten den ganzen Tag nichts anderes als herumzufaulenzen
ustajali su u deset i cijeli dan nisu radili ništa osim ljenčarili
Sie beklagten den Verlust ihrer schönen Kleider
oplakivali su gubitak svoje lijepe odjeće
und sie beklagten sich über den Verlust ihrer Bekannten
i žalili su se na gubitak svojih poznanstava
„Schau dir unsere jüngste Schwester an", sagten sie zueinander
"Pogledaj našu najmlađu sestru", govorile su jedna drugoj
„Was für ein armes und dummes Geschöpf sie ist"
"kako je ona jadno i glupo stvorenje"
„Es ist gemein, mit so wenig zufrieden zu sein"
"zlobno je biti zadovoljan s tako malo"
der freundliche Kaufmann war ganz anderer Meinung
ljubazni trgovac bio je sasvim drugačijeg mišljenja
er wusste sehr wohl, dass Schönheit ihre Schwestern übertraf
dobro je znao da ljepota nadmašuje njezine sestre
Sie übertraf sie sowohl charakterlich als auch geistig
nadmašila ih je karakterom kao i umom
er bewunderte ihre Bescheidenheit und ihre harte Arbeit
divio se njezinoj poniznosti i marljivom radu
aber am meisten bewunderte er ihre Geduld

ali najviše se divio njezinoj strpljivosti
Ihre Schwestern überließen ihr die ganze Arbeit
njezine su joj sestre ostavile sav posao
und sie beleidigten sie ständig
a vrijeđali su je svaki čas
Die Familie hatte etwa ein Jahr lang so gelebt
Obitelj je tako živjela oko godinu dana
dann bekam der Kaufmann einen Brief von einem Buchhalter
tada je trgovac dobio pismo od računovođe
er hatte in ein Schiff investiert
imao je investiciju u brod
und das Schiff war sicher angekommen
i brod je sretno stigao
diese Nachricht ließ die beiden ältesten Töchter staunen
Njegova vijest okrenula je glavu dvjema najstarijim kćerima
Sie hatten sofort die Hoffnung, in die Stadt zurückzukehren
odmah su se nadali povratku u grad
weil sie des Landlebens überdrüssig waren
jer su bili prilično umorni od života na selu
Sie gingen zu ihrem Vater, als er ging
otišli su ocu dok je odlazio
Sie baten ihn, ihnen neue Kleider zu kaufen
molili su ga da im kupi novu odjeću
Kleider, Bänder und allerlei Kleinigkeiten
haljine, vrpce i kojekakve sitnice
aber die Schönheit verlangte nichts
ali ljepota nije tražila ništa
weil sie dachte, das Geld würde nicht reichen
jer je mislila da novac neće biti dovoljan
es würde nicht reichen, um alles zu kaufen, was ihre Schwestern wollten
ne bi bilo dovoljno da se kupi sve što njezine sestre žele
„Was möchtest du, Schönheit?", fragte ihr Vater
– Što bi htjela, ljepotice? upita njezin otac
"Danke, Vater, dass du so nett bist, an mich zu denken",

sagte sie
"hvala ti, oče, što si mislio na mene", rekla je
„Vater, sei so freundlich und bring mir eine Rose mit"
"Oče, budi ljubazan da mi doneseš ružu"
„weil hier im Garten keine Rosen wachsen"
"jer ovdje u vrtu ne rastu ruže"
„und Rosen sind eine Art Rarität"
"a ruže su prava rijetkost"
Schönheit mochte Rosen nicht wirklich
ljepotica nije baš marila za ruže
sie bat nur um etwas, um ihre Schwestern nicht zu verurteilen
tražila je samo nešto da ne osuđuje svoje sestre
aber ihre Schwestern dachten, sie hätte aus anderen Gründen nach Rosen gefragt
ali njezine su sestre mislile da je tražila ruže iz drugih razloga
„Sie hat es nur getan, um besonders auszusehen"
"učinila je to samo da izgleda posebno"
Der freundliche Mann machte sich auf die Reise
Ljubazan čovjek je otišao na put
aber als er ankam, stritten sie über die Ware
ali kad je stigao svađali su se oko robe
und nach viel Ärger kam er genauso arm zurück wie zuvor
i nakon silnih muka vratio se siromašan kao i prije
er war nur ein paar Stunden von seinem eigenen Haus entfernt
bio je unutar nekoliko sati od vlastite kuće
und er stellte sich schon die Freude vor, seine Kinder zu sehen
i već je zamišljao radost što će vidjeti svoju djecu
aber als er durch den Wald ging, verirrte er sich
ali kad je prolazio kroz šumu izgubio se
es hat furchtbar geregnet und geschneit
padala je užasna kiša i snijeg
der Wind war so stark, dass er ihn vom Pferd warf
vjetar je bio toliko jak da ga je bacio s konja

und die Nacht kam schnell
a noć je brzo dolazila
er begann zu glauben, er müsse verhungern
počeo je razmišljati da bi mogao umrijeti od gladi
und er dachte, er könnte erfrieren
i mislio je da bi se mogao smrznuti nasmrt
und er dachte, Wölfe könnten ihn fressen
i mislio je da bi ga vukovi mogli pojesti
die Wölfe, die er um sich herum heulen hörte
vukovi koje je čuo kako zavijaju posvuda oko njega
aber plötzlich sah er ein Licht
ali odjednom je ugledao svjetlo
er sah das Licht in der Ferne durch die Bäume
vidio je svjetlo na daljinu kroz drveće
als er näher kam, sah er, dass das Licht ein Palast war
kad je prišao bliže vidio je da je svjetlost bila palača
der Palast war von oben bis unten beleuchtet
palača je bila osvijetljena od vrha do dna
Der Kaufmann dankte Gott für sein Glück
trgovac je zahvalio Bogu na svojoj sreći
und er eilte zum Palast
te je pohitao u palaču
aber er war überrascht, keine Leute im Palast zu sehen
ali se iznenadio što nije vidio ljude u palači
der Hof war völlig leer
dvorište je bilo potpuno prazno
und nirgendwo ein Lebenszeichen
a nigdje nije bilo znaka života
sein Pferd folgte ihm in den Palast
njegov ga je konj slijedio u palaču
und dann fand sein Pferd großen Stall
a onda je njegov konj pronašao veliku staju
das arme Tier war fast verhungert
jadna je životinja bila gotovo gladna
also ging sein Pferd hinein, um Heu und Hafer zu finden
pa je njegov konj ušao da nađe sijena i zobi

zum Glück fand er reichlich zu essen
srećom je našao dosta hrane
und der Kaufmann band sein Pferd an die Krippe
a trgovac priveza konja za jasle
Als er zum Haus ging, sah er niemanden
hodajući prema kući nije vidio nikoga
aber in einer großen Halle fand er ein gutes Feuer
ali u velikoj dvorani našao je dobru vatru
und er fand einen Tisch für eine Person gedeckt
i našao je stol postavljen za jednoga
er war nass vom Regen und Schnee
bio je mokar od kiše i snijega
Also ging er zum Feuer, um sich abzutrocknen
pa priđe vatri da se osuši
„Ich hoffe, der Hausherr entschuldigt mich"
"Nadam se da će me gazda ispričati"
„Ich schätze, es wird nicht lange dauern, bis jemand auftaucht."
"Pretpostavljam da neće trebati dugo da se netko pojavi"
Er wartete eine beträchtliche Zeit
Čekao je dosta vremena
er wartete, bis es elf schlug, und noch immer kam niemand
čekao je dok nije otkucalo jedanaest, ali i dalje nitko nije došao
Schließlich war er so hungrig, dass er nicht länger warten konnte
napokon je bio toliko gladan da više nije mogao čekati
er nahm ein Hühnchen und aß es in zwei Bissen
uze malo piletine i pojede je u dva zalogaja
er zitterte beim Essen
drhtao je dok je jeo hranu
danach trank er ein paar Gläser Wein
nakon ovoga je popio nekoliko čaša vina
Er wurde mutiger und verließ den Saal
sve hrabriji izađe iz dvorane
und er durchquerte mehrere große Hallen
i prešao je kroz nekoliko velikih dvorana

Er ging durch den Palast, bis er in eine Kammer kam
hodao je kroz palaču dok nije došao u jednu odaju
eine Kammer, in der sich ein überaus gutes Bett befand
komora koja je u sebi imala iznimno dobar krevet
er war von der Tortur sehr erschöpft
bio je vrlo umoran od svoje kušnje
und es war schon nach Mitternacht
a vrijeme je već prošla ponoć
also beschloss er, dass es das Beste sei, die Tür zu schließen
pa je zaključio da je najbolje zatvoriti vrata
und er beschloss, dass er zu Bett gehen sollte
i zaključio je da bi trebao otići u krevet
Es war zehn Uhr morgens, als der Kaufmann aufwachte
Bilo je deset sati ujutro kad se trgovac probudio
gerade als er aufstehen wollte, sah er etwas
baš kad je krenuo ustati ugledao je nešto
er war erstaunt, saubere Kleidung zu sehen
bio je zapanjen ugledavši čist komplet odjeće
an der Stelle, wo er seine schmutzigen Kleider
zurückgelassen hatte
na mjestu gdje je ostavio svoju prljavu odjeću
"Mit Sicherheit gehört dieser Palast einer netten Fee"
"ova palača sigurno pripada nekoj vili"
„eine Fee, die mich gesehen und bemitleidet hat"
" vila koja je vidjela i sažalila me"
er sah durch ein Fenster
pogledao je kroz prozor
aber statt Schnee sah er den herrlichsten Garten
ali umjesto snijega ugledao je najdivniji vrt
und im Garten waren die schönsten Rosen
a u vrtu su bile najljepše ruže
dann kehrte er in die große Halle zurück
zatim se vratio u veliku dvoranu
der Saal, in dem er am Abend zuvor Suppe gegessen hatte
dvoranu u kojoj je večer prije jeo juhu
und er fand etwas Schokolade auf einem kleinen Tisch

i našao je malo čokolade na stoliću
„Danke, liebe Frau Fee", sagte er laut
"Hvala vam, dobra gospođo Vilo", rekao je naglas
„Danke für Ihre Fürsorge"
"hvala što si tako brižan"
„Ich bin Ihnen für all Ihre Gefälligkeiten äußerst dankbar"
"Izuzetno sam vam zahvalan za sve vaše usluge"
Der freundliche Mann trank seine Schokolade
ljubazni čovjek je popio svoju čokoladu
und dann ging er sein Pferd suchen
a onda je otišao potražiti svog konja
aber im Garten erinnerte er sich an die Bitte der Schönheit
ali u vrtu se sjetio ljepotičina zahtjeva
und er schnitt einen Rosenzweig ab
i on je odrezao granu ruže
sofort hörte er ein lautes Geräusch
odmah je začuo veliku buku
und er sah ein furchtbar furchtbares Tier
i ugleda strahovito strašnu zvijer
er war so erschrocken, dass er kurz davor war, ohnmächtig zu werden
toliko se uplašio da je bio spreman pasti u nesvijest
„Du bist sehr undankbar", sagte das Tier zu ihm
"Vrlo si nezahvalan", reče mu zvijer
und das Tier sprach mit schrecklicher Stimme
a zvijer je progovorila strašnim glasom
„Ich habe dein Leben gerettet, indem ich dich in mein Schloss gelassen habe"
"Spasio sam ti život dopustivši ti ulazak u svoj dvorac"
"und dafür stiehlst du mir im Gegenzug meine Rosen?"
"i za ovo mi kradeš ruže zauzvrat?"
„Die Rosen sind für mich mehr wert als alles andere"
"Ruže koje cijenim iznad svega"
„Aber du wirst für das, was du getan hast, sterben"
"ali umrijet ćeš za ono što si učinio"
„Ich gebe Ihnen nur eine Viertelstunde, um sich

vorzubereiten"
"Dajem ti samo četvrt sata da se pripremiš"
„Bereiten Sie sich auf den Tod vor und sprechen Sie Ihre Gebete"
"spremi se za smrt i pomoli se"
der Kaufmann fiel auf die Knie
trgovac je pao na koljena
und er hob beide Hände
i podigao je obje ruke
„Mein Herr, ich flehe Sie an, mir zu vergeben"
"Gospodaru, preklinjem te da mi oprostiš"
„Ich hatte nicht die Absicht, Sie zu beleidigen"
"Nisam te imao namjeru uvrijediti"
„Ich habe für eine meiner Töchter eine Rose gepflückt"
"Nabrao sam ružu za jednu od svojih kćeri"
„Sie bat mich, ihr eine Rose mitzubringen"
"zamolila me da joj donesem ružu"
„Ich bin nicht euer Herr, sondern ein Tier", antwortete das Monster
"Ja nisam tvoj gospodar, ali ja sam zvijer", odgovori čudovište
„Ich mag keine Komplimente"
"Ne volim komplimente"
„Ich mag Menschen, die so sprechen, wie sie denken"
"Volim ljude koji govore kako misle"
„glauben Sie nicht, dass ich durch Schmeicheleien bewegt werden kann"
"nemoj misliti da me može dirnuti laskanje"
„Aber Sie sagen, Sie haben Töchter"
"Ali kažeš da imaš kćeri"
„Ich werde dir unter einer Bedingung vergeben"
"Oprostit ću ti pod jednim uvjetom"
„Eine deiner Töchter muss freiwillig in meinen Palast kommen"
"jedna od tvojih kćeri mora dobrovoljno doći u moju palaču"
"und sie muss für dich leiden"
"i ona mora patiti za tebe"

„Gib mir Dein Wort"
"Daj mi tvoju riječ"
„Und dann können Sie Ihren Geschäften nachgehen"
"i onda možete nastaviti svojim poslom"
„Versprich mir das:"
"Obećaj mi ovo:"
„Wenn Ihre Tochter sich weigert, für Sie zu sterben, müssen Sie innerhalb von drei Monaten zurückkehren"
"Ako vaša kći odbije umrijeti za vas, morate se vratiti u roku od tri mjeseca"
der Kaufmann hatte nicht die Absicht, seine Töchter zu opfern
trgovac nije imao namjeru žrtvovati svoje kćeri
aber da ihm Zeit gegeben wurde, wollte er seine Töchter noch einmal sehen
ali, budući da je dobio vremena, želio je još jednom vidjeti svoje kćeri
also versprach er, dass er zurückkehren würde
pa je obećao da će se vratiti
und das Tier sagte ihm, er könne aufbrechen, wann er wolle
a zvijer mu je rekla da može krenuti kad mu se prohtije
und das Tier erzählte ihm noch etwas
a zvijer mu reče još jednu stvar
„Du sollst nicht mit leeren Händen gehen"
"nećeš otići praznih ruku"
„Geh zurück in das Zimmer, in dem du lagst"
"vrati se u sobu gdje si ležao"
„Sie werden eine große leere Schatzkiste sehen"
"vidjet ćete veliku praznu škrinju s blagom"
„Fülle die Schatzkiste mit allem, was Dir am besten gefällt"
"napunite škrinju s blagom onim što vam se najviše sviđa"
„und ich werde die Schatzkiste zu Dir nach Hause schicken"
"i ja ću poslati škrinju s blagom u tvoj dom"
und gleichzeitig zog sich das Tier zurück
a pritom se zvijer povukla
„Nun", sagte sich der gute Mann

"Pa", rekao je dobri čovjek u sebi
„Wenn ich sterben muss, werde ich meinen Kindern wenigstens etwas hinterlassen"
"Ako moram umrijeti, ostavit ću barem nešto svojoj djeci"
so kehrte er ins Schlafzimmer zurück
pa se vratio u spavaću sobu
und er fand sehr viele Goldstücke
i našao je jako mnogo zlatnika
er füllte die Schatzkiste, die das Tier erwähnt hatte
napunio je škrinju s blagom koju je zvijer spomenula
und er holte sein Pferd aus dem Stall
a konja je izveo iz konjušnice
die Freude, die er beim Betreten des Palastes empfand, war nun genauso groß wie die Trauer, die er beim Verlassen des Palastes empfand
radost koju je osjetio kad je ušao u palaču sada je bila jednaka tuzi koju je osjećao napuštajući je
Das Pferd nahm einen der Wege im Wald
konj je krenuo jednom od šumskih cesta
und in wenigen Stunden war der gute Mann zu Hause
i za nekoliko sati dobri je čovjek bio kod kuće
seine Kinder kamen zu ihm
došla su mu djeca njegova
aber anstatt ihre Umarmungen mit Freude entgegenzunehmen, sah er sie an
ali umjesto da sa zadovoljstvom primi njihove zagrljaje, pogledao ih je
er hielt den Ast hoch, den er in den Händen hielt
podigao je granu koju je imao u rukama
und dann brach er in Tränen aus
a onda je briznuo u plač
„Schönheit", sagte er, „nimm bitte diese Rosen"
"ljepotice", rekao je, "molim te uzmi ove ruže"
„Sie können nicht wissen, wie teuer diese Rosen waren"
"ne možeš znati koliko su ove ruže bile skupe"
„Diese Rosen haben deinen Vater das Leben gekostet"

"ove ruže koštale su tvog oca života"
und dann erzählte er von seinem tödlichen Abenteuer
a zatim je ispričao svoju kobnu pustolovinu
Sofort schrien die beiden ältesten Schwestern
odmah povikaše dvije najstarije sestre
und sie sagten viele gemeine Dinge zu ihrer schönen Schwester
i rekli su mnogo zlobnih stvari svojoj lijepoj sestri
aber die Schönheit weinte überhaupt nicht
ali ljepotica uopće nije plakala
„Seht euch den Stolz dieses kleinen Schurken an", sagten sie
"Pogledaj ponos tog malog bijednika", rekli su
„Sie hat nicht nach schönen Kleidern gefragt"
"nije tražila finu odjeću"
„Sie hätte tun sollen, was wir getan haben"
"trebala je učiniti ono što smo mi učinili"
„Sie wollte sich hervortun"
"htjela se istaknuti"
„so wird sie nun den Tod unseres Vaters bedeuten"
"pa sada će ona biti smrt našeg oca"
„und doch vergießt sie keine Träne"
"a ipak ne pusti suzu"
"Warum sollte ich weinen?", antwortete die Schönheit
– Zašto bih plakala? odgovori ljepotica
„Weinen wäre völlig unnötig"
"plakanje bi bilo vrlo nepotrebno"
„Mein Vater wird nicht für mich leiden"
"moj otac neće patiti za mnom"
„Das Monster wird eine seiner Töchter akzeptieren"
"čudovište će prihvatiti jednu od njegovih kćeri"
„Ich werde mich seiner ganzen Wut aussetzen"
"Ponudit ću se svom njegovom bijesu"
„Ich bin sehr glücklich, denn mein Tod wird das Leben meines Vaters retten"
"Jako sam sretan, jer će moja smrt spasiti život mog oca"

„Mein Tod wird ein Beweis meiner Liebe sein"
"moja smrt će biti dokaz moje ljubavi"
„Nein, Schwester", sagten ihre drei Brüder
"Ne, sestro", rekla su njezina tri brata
„das darf nicht sein"
"to nece biti"
„Wir werden das Monster finden"
"Ići ćemo pronaći čudovište"
„und entweder wir werden ihn töten..."
"i ili ćemo ga ubiti..."
„... oder wir werden bei dem Versuch umkommen"
"... ili ćemo izginuti u pokušaju"
„Stellt euch nichts dergleichen vor, meine Söhne", sagte der Kaufmann
"Nemojte zamišljati tako nešto, sinovi moji", rekao je trgovac
„Die Kraft des Biests ist so groß, dass ich keine Hoffnung habe, dass Ihr es besiegen könntet."
"Moć zvijeri je tolika da se ne nadam da biste je mogli nadvladati"
„Ich bin entzückt von dem freundlichen und großzügigen Angebot der Schönheit"
"Očaran sam ljubaznom i velikodušnom ponudom ljepote"
„aber ich kann ihre Großzügigkeit nicht annehmen"
"ali ne mogu prihvatiti njenu velikodušnost"
„Ich bin alt und habe nicht mehr lange zu leben"
"Star sam i nije mi ostalo još dugo"
„also kann ich nur ein paar Jahre verlieren"
"tako da mogu izgubiti samo nekoliko godina"
„Zeit, die ich für euch bereue, meine lieben Kinder"
"vrijeme za kojim vas žalim, djeco moja draga"
„Aber Vater", sagte die Schönheit
"Ali oče", rekla je ljepotica
„Du sollst nicht ohne mich in den Palast gehen"
"nećeš ići u palaču bez mene"
„Du kannst mich nicht davon abhalten, dir zu folgen"
"ne možeš me spriječiti da te slijedim"

nichts könnte Schönheit vom Gegenteil überzeugen
ništa nije moglo uvjeriti ljepotu u suprotno
Sie bestand darauf, in den schönen Palast zu gehen
inzistirala je na odlasku u finu palaču
und ihre Schwestern waren erfreut über ihre Beharrlichkeit
a njezine su sestre bile oduševljene njezinim inzistiranjem
Der Kaufmann war besorgt bei dem Gedanken, seine Tochter zu verlieren
Trgovac je bio zabrinut pri pomisli da će izgubiti svoju kćer
er war so besorgt, dass er die Truhe voller Gold vergessen hatte
bio je toliko zabrinut da je zaboravio na škrinju punu zlata
Abends begab er sich zur Ruhe und schloss die Tür seines Zimmers.
noću se povukao na odmor i zatvorio vrata svoje sobe
Dann fand er zu seinem großen Erstaunen den Schatz neben seinem Bett.
tada je, na svoje veliko zaprepaštenje, pronašao blago pokraj svog kreveta
er war entschlossen, es seinen Kindern nicht zu erzählen
bio je odlučan ne reći svojoj djeci
Wenn sie es gewusst hätten, wären sie in die Stadt zurückgekehrt
da su znali, htjeli bi se vratiti u grad
und er war entschlossen, das Land nicht zu verlassen
i bio je odlučan da ne napušta selo
aber er vertraute der Schönheit das Geheimnis
ali je ljepoti povjeravao tajnu
Sie teilte ihm mit, dass zwei Herren gekommen seien
obavijestila ga je da su došla dva gospodina
und sie machten ihren Schwestern einen Heiratsantrag
i predlagali su njezine sestre
Sie bat ihren Vater, ihrer Heirat zuzustimmen
molila je oca da pristane na njihov brak
und sie bat ihn, ihnen etwas von seinem Vermögen zu geben

a ona ga je zamolila da im da nešto od svog imetka
sie hatte ihnen bereits vergeben
već im je oprostila
Die bösen Kreaturen rieben ihre Augen mit Zwiebeln
opaka su stvorenja trljala oči lukom
um beim Abschied von der Schwester ein paar Tränen zu vergießen
natjerati koju suzu kad su se rastajali sa sestrom
aber ihre Brüder waren wirklich besorgt
ali njezina su braća doista bila zabrinuta
Schönheit war die einzige, die keine Tränen vergoss
ljepotica jedina nije pustila nijednu suzu
sie wollte ihr Unbehagen nicht vergrößern
nije htjela povećati njihovu nelagodu
Das Pferd nahm den direkten Weg zum Palast
konj je krenuo izravnom cestom do palače
und gegen Abend sahen sie den erleuchteten Palast
a prema večeri ugledaše rasvijetljenu palaču
das Pferd begab sich wieder in den Stall
konj se opet odveo u staju
und der gute Mann und seine Tochter gingen in die große Halle
a dobri čovjek i njegova kći uđoše u veliku dvoranu
hier fanden sie einen herrlich gedeckten Tisch
ovdje su našli sjajno serviran stol
der Kaufmann hatte keinen Appetit zu essen
trgovac nije imao apetita za jelo
aber die Schönheit bemühte sich, fröhlich zu erscheinen
ali ljepotica se trudila ispasti vesela
sie setzte sich an den Tisch und half ihrem Vater
sjela za stol i pomogla ocu
aber sie dachte auch bei sich:
ali je također pomislila u sebi:
„Das Biest will mich sicher mästen, bevor es mich frisst"
"zvijer me sigurno želi ugojiti prije nego me pojede"
„deshalb sorgt er für so viel Unterhaltung"

"zato on pruža tako bogatu zabavu"
Nachdem sie gegessen hatten, hörten sie ein großes Geräusch
nakon što su jeli čuli su veliku buku
und der Kaufmann verabschiedete sich mit Tränen in den Augen von seinem unglücklichen Kind
a trgovac se sa suzama u očima oprostio od svog nesretnog djeteta
weil er wusste, dass das Biest kommen würde
jer je znao da zvijer dolazi
Die Schönheit war entsetzt über seine schreckliche Gestalt
ljepotica je bila prestravljena njegovim užasnim oblikom
aber sie nahm ihren Mut zusammen, so gut sie konnte
ali se ohrabrila koliko je mogla
und das Monster fragte sie, ob sie freiwillig mitkäme
a čudovište ju je upitalo je li došla dragovoljno
"ja, ich bin freiwillig gekommen", sagte sie zitternd
"Da, došla sam svojevoljno", rekla je drhteći
Das Tier antwortete: „Du bist sehr gut"
zvijer je odgovorila: "Vrlo si dobar"
„und ich bin Ihnen zu großem Dank verpflichtet, ehrlicher Mann"
"i ja sam vam jako zahvalan; pošteni čovječe"
„Geht morgen früh eure Wege"
"idi svojim putem sutra ujutro"
„aber denk nie daran, wieder hierher zu kommen"
"ali nikad više ne pomisli doći ovdje"
„Lebe wohl, Schönheit, lebe wohl, Biest", antwortete er
"Zbogom ljepotice, zbogom zvijeri", odgovorio je
und sofort zog sich das Monster zurück
i odmah se čudovište povuklo
"Oh, Tochter", sagte der Kaufmann
"Oh, kćeri", rekao je trgovac
und er umarmte seine Tochter noch einmal
i on još jednom zagrli svoju kćer
„Ich habe fast Todesangst"

"Skoro sam nasmrt preplašen"
„glauben Sie mir, Sie sollten lieber zurückgehen"
"vjeruj mi, bolje da se vratiš"
„Lass mich hier bleiben, statt dir"
"daj mi da ostanem ovdje, umjesto tebe"
„Nein, Vater", sagte die Schönheit entschlossen
"Ne, oče", rekla je ljepotica, odlučnim tonom
„Du sollst morgen früh aufbrechen"
"sutra ujutro ćeš krenuti"
„überlasse mich der Obhut und dem Schutz der Vorsehung"
"prepusti me brizi i zaštiti providnosti"
trotzdem gingen sie zu Bett
ipak su otišli u krevet
Sie dachten, sie würden die ganze Nacht kein Auge zutun
mislili su da cijelu noć neće oka sklopiti
aber als sie sich hinlegten, schliefen sie ein
ali tek što su legli spavali su
Die Schönheit träumte, eine schöne Dame kam und sagte zu ihr:
ljepotica je sanjala da je došla fina gospođa i rekla joj:
„Ich bin zufrieden, Schönheit, mit deinem guten Willen"
"Zadovoljan sam, ljepotice, tvojom dobrom voljom"
„Diese gute Tat von Ihnen wird nicht unbelohnt bleiben"
"ovaj tvoj dobar postupak neće ostati nenagrađen"
Die Schöne erwachte und erzählte ihrem Vater ihren Traum
ljepotica se probudila i ispričala ocu svoj san
der Traum tröstete ihn ein wenig
san je pomogao da ga malo utješi
aber er konnte nicht anders, als bitterlich zu weinen, als er ging
ali nije mogao suspregnuti gorki plač dok je odlazio
Sobald er weg war, setzte sich Schönheit in die große Halle und weinte ebenfalls
čim je on otišao, ljepotica je sjela u veliku dvoranu i također zaplakala
aber sie beschloss, sich keine Sorgen zu machen

ali odlučila je ne osjećati nelagodu
Sie beschloss, in der kurzen Zeit, die ihr noch zu leben blieb, stark zu sein
odlučila je biti jaka ono malo vremena što joj je preostalo za život
weil sie fest davon überzeugt war, dass das Biest sie fressen würde
jer je čvrsto vjerovala da će je zvijer pojesti
Sie dachte jedoch, sie könnte genauso gut den Palast erkunden
međutim, mislila je da bi mogla istražiti i palaču
und sie wollte das schöne Schloss besichtigen
i htjela je razgledati lijepi dvorac
ein Schloss, das sie bewundern musste
dvorac kojem se nije mogla ne diviti
Es war ein wunderbar angenehmer Palast
bila je to divno ugodna palača
und sie war äußerst überrascht, als sie eine Tür sah
i bila je iznimno iznenađena ugledavši vrata
und über der Tür stand, dass es ihr Zimmer sei
a preko vrata je pisalo da je to njezina soba
sie öffnete hastig die Tür
žurno je otvorila vrata
und sie war ganz geblendet von der Pracht des Raumes
i bila je prilično zaslijepljena veličanstvenošću sobe
was ihre Aufmerksamkeit vor allem auf sich zog, war eine große Bibliothek
ono što joj je najviše zaokupilo pozornost bila je velika knjižnica
ein Cembalo und mehrere Notenbücher
čembalo i nekoliko notnih knjiga
„Nun", sagte sie zu sich selbst
"Pa", rekla je sama sebi
„Ich sehe, das Biest wird meine Zeit nicht verstreichen lassen"
"Vidim da zvijer neće dopustiti da moje vrijeme bude teško"

dann dachte sie über ihre Situation nach
zatim je razmislila o svojoj situaciji
„Wenn ich einen Tag bleiben sollte, wäre das alles nicht hier"
"Da mi je suđeno ostati jedan dan, svega ovoga ne bi bilo"
diese Überlegung gab ihr neuen Mut
ovo ju je razmatranje nadahnulo novom hrabrošću
und sie nahm ein Buch aus ihrer neuen Bibliothek
i uzela je knjigu iz svoje nove knjižnice
und sie las diese Worte in goldenen Buchstaben:
i pročitala je ove riječi ispisane zlatnim slovima:
„Begrüße Schönheit, vertreibe die Angst"
"Dobro došla ljepotice, otjeraj strah"
„Du bist hier Königin und Herrin"
"Ti si ovdje kraljica i gospodarica"
„Sprich deine Wünsche aus, sprich deinen Willen aus"
"Reci svoje želje, reci svoju volju"
„Schneller Gehorsam begegnet hier Ihren Wünschen"
"Ovdje brza poslušnost ispunjava vaše želje"
"Ach", sagte sie mit einem Seufzer
"Jao", rekla je uz uzdah
„Am meisten wünsche ich mir, meinen armen Vater zu sehen"
"Najviše od svega želim vidjeti svog jadnog oca"
„und ich würde gerne wissen, was er tut"
"i volio bih znati što on radi"
Kaum hatte sie das gesagt, bemerkte sie den Spiegel
Čim je to rekla, primijetila je ogledalo
zu ihrem großen Erstaunen sah sie ihr eigenes Zuhause im Spiegel
na svoje veliko čuđenje ugledala je vlastiti dom u ogledalu
Ihr Vater kam emotional erschöpft an
njezin je otac stigao emocionalno iscrpljen
Ihre Schwestern gingen ihm entgegen
njezine sestre pošle su mu u susret
trotz ihrer Versuche, traurig zu wirken, war ihre Freude

sichtbar
unatoč njihovim pokušajima da izgledaju tužni, njihova je radost bila vidljiva
einen Moment später war alles verschwunden
trenutak kasnije sve je nestalo
und auch die Befürchtungen der Schönheit verschwanden
a nestale su i strepnje ljepote
denn sie wusste, dass sie dem Tier vertrauen konnte
jer je znala da može vjerovati zvijeri
Mittags fand sie das Abendessen fertig
U podne je našla gotovu večeru
sie setzte sich an den Tisch
sama je sjela za stol
und sie wurde mit einem Musikkonzert unterhalten
a zabavljala se koncertom glazbe
obwohl sie niemanden sehen konnte
iako nije mogla nikoga vidjeti
abends setzte sie sich wieder zum Abendessen
noću je opet sjela za večeru
diesmal hörte sie das Geräusch, das das Tier machte
ovaj put je čula buku koju je zvijer napravila
und sie konnte nicht anders, als Angst zu haben
i nije mogla ne biti prestravljena
"Schönheit", sagte das Monster
"ljepotice", reče čudovište
"erlaubst du mir, mit dir zu essen?"
"dopuštaš li mi da jedem s tobom?"
"Mach, was du willst", antwortete die Schönheit zitternd
"radi kako hoćeš", odgovori ljepotica dršćući
„Nein", antwortete das Tier
"Ne", odgovori zvijer
„Du allein bist hier die Herrin"
"samo si ti ovdje gospodarica"
„Sie können mich wegschicken, wenn ich Ärger mache"
"možeš me poslati ako budem problematičan"
„schick mich fort, und ich werde mich sofort zurückziehen"

"pošalji me i odmah ću se povući"
„Aber sagen Sie mir: Finden Sie mich nicht sehr hässlich?"
"Ali, reci mi; ne misliš li da sam jako ružan?"
„Das stimmt", sagte die Schönheit
"To je istina", rekla je ljepotica
„Ich kann nicht lügen"
"Ne mogu lagati"
„aber ich glaube, Sie sind sehr gutmütig"
"ali vjerujem da si vrlo dobre naravi"
„Das bin ich tatsächlich", sagte das Monster
"Uistinu jesam", reče čudovište
„Aber abgesehen von meiner Hässlichkeit habe ich auch keinen Verstand"
"Ali osim svoje ružnoće, nemam ni razuma"
„Ich weiß sehr wohl, dass ich ein dummes Wesen bin"
"Dobro znam da sam blesavo stvorenje"
„Es ist kein Zeichen von Torheit, so zu denken", antwortete die Schönheit
"Nije znak ludosti tako misliti", odgovori ljepotica
„Dann iss, Schönheit", sagte das Monster
"Onda jedi, ljepotice", reče čudovište
„Versuchen Sie, sich in Ihrem Palast zu amüsieren"
"pokušaj se zabaviti u svojoj palači"
"alles hier gehört dir"
"sve je ovdje tvoje"
„Und ich wäre sehr unruhig, wenn Sie nicht glücklich wären"
"i bilo bi mi jako neugodno da ti nisi sretan"
„Sie sind sehr zuvorkommend", antwortete die Schönheit
"Vrlo ste ljubazni", odgovori ljepotica
„Ich gebe zu, ich freue mich über Ihre Freundlichkeit"
"Priznajem da sam zadovoljan vašom ljubaznošću"
„Und wenn ich über deine Freundlichkeit nachdenke, fallen mir deine Missbildungen kaum auf"
"a kad uzmem u obzir tvoju dobrotu, jedva primjećujem tvoje deformitete"

„Ja, ja", sagte das Tier, „mein Herz ist gut"
"Da, da", reče zvijer, "moje srce je dobro
„Aber obwohl ich gut bin, bin ich immer noch ein Monster"
"ali iako sam dobar, još uvijek sam čudovište"
„Es gibt viele Männer, die diesen Namen mehr verdienen als Sie."
"Ima mnogo muškaraca koji zaslužuju to ime više od tebe"
„und ich bevorzuge dich, so wie du bist"
"i draži si mi takav kakav jesi"
„und ich ziehe dich denen vor, die ein undankbares Herz verbergen"
"i draži si mi od onih koji kriju nezahvalno srce"
"Wenn ich nur etwas Verstand hätte", antwortete das Biest
"Kad bih samo imao razuma", odgovori zvijer
„Wenn ich vernünftig wäre, würde ich Ihnen als Dank ein schönes Kompliment machen"
"Da sam imao razuma, dao bih vam dobar kompliment"
"aber ich bin so langweilig"
"ali ja sam tako dosadna"
„Ich kann nur sagen, dass ich Ihnen zu großem Dank verpflichtet bin"
"Mogu samo reći da sam vam jako zahvalan"
Schönheit aß ein herzhaftes Abendessen
ljepotica je obilno večerala
und sie hatte ihre Angst vor dem Monster fast überwunden
i gotovo je pobijedila svoj strah od čudovišta
aber sie wollte ohnmächtig werden, als das Biest ihr die nächste Frage stellte
ali htjela se onesvijestiti kad joj je zvijer postavila sljedeće pitanje
"Schönheit, willst du meine Frau werden?"
"ljepotice, hoćeš li biti moja žena?"
es dauerte eine Weile, bis sie antworten konnte
trebalo joj je neko vrijeme prije nego što je uspjela odgovoriti
weil sie Angst hatte, ihn wütend zu machen
jer se bojala da ga ne naljuti

Schließlich sagte sie jedoch "nein, Biest"
Na kraju je ipak rekla "ne, zvijer"
sofort zischte das arme Monster ganz fürchterlich
odmah je jadno čudovište vrlo zastrašujuće zasiktalo
und der ganze Palast hallte
a cijela je palača odjeknula
aber die Schönheit erholte sich bald von ihrem Schrecken
ali se ljepotica ubrzo oporavila od straha
denn das Tier sprach wieder mit trauriger Stimme
jer je zvijer opet progovorila tugaljivim glasom
„Dann leb wohl, Schönheit"
"onda zbogom ljepotice"
und er drehte sich nur ab und zu um
a on se samo tu i tamo okretao
um sie anzusehen, als er hinausging
da je pogleda dok je izlazio
jetzt war die Schönheit wieder allein
sada je ljepotica opet bila sama
Sie empfand großes Mitgefühl
osjetila je veliko suosjećanje
„Ach, es ist tausendmal schade"
"Jao, to je tisuću šteta"
„Etwas, das so gutmütig ist, sollte nicht so hässlich sein"
"sve što je tako dobre naravi ne bi trebalo biti tako ružno"
Schönheit verbrachte drei Monate sehr zufrieden im Palast
ljepotica je provela tri mjeseca vrlo zadovoljna u palači
jeden Abend stattete ihr das Biest einen Besuch ab
svake ju je večeri zvijer posjećivala
und sie redeten beim Abendessen
i razgovarali su za vrijeme večere
Sie sprachen mit gesundem Menschenverstand
razgovarali su zdravorazumski
aber sie sprachen nicht mit dem, was man als geistreich bezeichnet
ali nisu razgovarali s onim što ljudi nazivaju duhovitošću
Schönheit entdeckte immer einen wertvollen Charakter im

Biest
ljepota je uvijek otkrivala neki vrijedan karakter u zvijeri
und sie hatte sich an seine Missbildung gewöhnt
a ona se navikla na njegov deformitet
sie fürchtete sich nicht mehr vor seinem Besuch
nije se više bojala vremena njegova posjeta
jetzt schaute sie oft auf die Uhr
sada je često pogledavala na sat
und sie konnte es kaum erwarten, bis es neun Uhr war
i jedva je čekala da bude devet sati
denn das Tier kam immer zu dieser Stunde
jer zvijer nikada nije propustila doći u taj čas
Es gab nur eine Sache, die Schönheit betraf
postojala je samo jedna stvar koja se ticala ljepote
jeden Abend, bevor sie ins Bett ging, stellte ihr das Biest die gleiche Frage
svaku večer prije nego što je otišla u krevet zvijer ju je pitala isto pitanje
Das Monster fragte sie, ob sie seine Frau werden wolle
čudovište ju je upitalo bi li mu bila žena
Eines Tages sagte sie zu ihm: „Biest, du machst mir große Sorgen."
jednog dana mu je rekla, "zvijeri, jako mi smetaš"
„Ich wünschte, ich könnte einwilligen, dich zu heiraten"
"Volio bih da mogu pristati da se udam za tebe"
„Aber ich bin zu aufrichtig, um dir zu glauben zu machen, dass ich dich heiraten würde"
"ali previše sam iskren da bih te natjerao da povjeruješ da bih te oženio"
„Unsere Ehe wird nie stattfinden"
"naš brak se nikada neće dogoditi"
„Ich werde dich immer als Freund sehen"
"Uvijek ću te doživljavati kao prijatelja"
„Bitte versuchen Sie, damit zufrieden zu sein"
"molim vas, pokušajte biti zadovoljni ovim"
„Damit muss ich zufrieden sein", sagte das Tier

"Moram biti zadovoljan ovime", reče zvijer
„Ich kenne mein eigenes Unglück"
"Ja znam svoju nesreću"
„aber ich liebe dich mit der zärtlichsten Zuneigung"
"ali ja te volim najnježnijom ljubavlju "
„Ich sollte mich jedoch als glücklich betrachten"
"Međutim, trebao bih se smatrati sretnim"
"und ich würde mich freuen, wenn du hier bleibst"
"i trebao bih biti sretan što ćeš ostati ovdje"
„versprich mir, mich nie zu verlassen"
"obećaj mi da me nikad nećeš ostaviti"
Schönheit errötete bei diesen Worten
ljepotica je pocrvenjela na ove riječi
Eines Tages schaute die Schönheit in ihren Spiegel
jednog dana ljepotica se gledala u svoje ogledalo
ihr Vater hatte sich schreckliche Sorgen um sie gemacht
njezin se otac jako zabrinuo za nju
sie sehnte sich mehr denn je danach, ihn wiederzusehen
čeznula je da ga ponovno vidi više nego ikada
„Ich könnte versprechen, dich nie ganz zu verlassen"
"Mogao bih obećati da te nikad neću potpuno napustiti"
„aber ich habe so ein großes Verlangen, meinen Vater zu sehen"
"ali imam veliku želju vidjeti svog oca"
„Ich wäre unendlich verärgert, wenn Sie nein sagen würden"
"Bio bih nevjerojatno uznemiren ako kažeš ne"
"Ich würde lieber selbst sterben", sagte das Monster
"Radije bih i sam umro", reče čudovište
„Ich würde lieber sterben, als dir Unbehagen zu bereiten"
"Radije bih umro nego da ti stvaraš nelagodu"
„Ich werde dich zu deinem Vater schicken"
"Poslat ću te tvom ocu"
„Du sollst bei ihm bleiben"
"ostat ćeš s njim"
"und dieses unglückliche Tier wird stattdessen vor Kummer

sterben"
"a ova nesretna zvijer će umjesto toga umrijeti od tuge"
"Nein", sagte die Schönheit weinend
"Ne", rekla je ljepotica plačući
„Ich liebe dich zu sehr, um die Ursache deines Todes zu sein"
"Previše te volim da bih bio uzrok tvoje smrti"
„Ich verspreche Ihnen, in einer Woche wiederzukommen"
"Obećavam ti da ću se vratiti za tjedan dana"
„Du hast mir gezeigt, dass meine Schwestern verheiratet sind"
"Pokazali ste mi da su moje sestre udate"
„und meine Brüder sind zur Armee gegangen"
"i moja braća su otišla u vojsku"
"Lass mich eine Woche bei meinem Vater bleiben, da er allein ist"
"dopustite mi da ostanem tjedan dana s ocem, jer je sam"
"Morgen früh wirst du dort sein", sagte das Tier
"Bit ćeš tamo sutra ujutro", reče zvijer
„Aber denk an dein Versprechen"
"ali zapamti svoje obećanje"
„Sie brauchen Ihren Ring nur auf den Tisch zu legen, bevor Sie zu Bett gehen."
"Trebaš samo položiti svoj prsten na stol prije nego što odeš u krevet"
"Und dann werdet ihr vor dem Morgen zurückgebracht"
"i onda ćeš biti vraćen prije jutra"
„Lebe wohl, liebe Schönheit", seufzte das Tier
"Zbogom draga ljepotice", uzdahne zvijer
Die Schönheit ging an diesem Abend sehr traurig ins Bett
ljepotica je te noći otišla u krevet jako tužna
weil sie das Tier nicht so besorgt sehen wollte
jer nije htjela vidjeti zvijer tako zabrinutu
am nächsten Morgen fand sie sich im Haus ihres Vaters wieder
sljedećeg jutra našla se u očevoj kući

sie läutete eine kleine Glocke neben ihrem Bett
zazvonila je zvončićem pokraj kreveta
und das Dienstmädchen stieß einen lauten Schrei aus
a služavka je glasno vrisnula
und ihr Vater rannte nach oben
a njezin je otac otrčao gore
er dachte, er würde vor Freude sterben
mislio je da će umrijeti od radosti
er hielt sie eine Viertelstunde lang in seinen Armen
držao ju je u naručju četvrt sata
irgendwann waren die ersten Grüße vorbei
na kraju su završili prvi pozdravi
Schönheit begann daran zu denken, aus dem Bett zu steigen
ljepotica je počela razmišljati o ustajanju iz kreveta
aber sie merkte, dass sie keine Kleidung mitgebracht hatte
ali je shvatila da nije ponijela odjeću
aber das Dienstmädchen sagte ihr, sie habe eine Kiste gefunden
ali joj je sluškinja rekla da je našla kutiju
der große Koffer war voller Kleider und Kleider
velika škrinja bila je puna haljina i haljina
jedes Kleid war mit Gold und Diamanten bedeckt
svaka je haljina bila prekrivena zlatom i dijamantima
Schönheit dankte dem Tier für seine freundliche Pflege
ljepotica je zahvalila zvijeri na njegovoj ljubaznoj brizi
und sie nahm eines der schlichtesten Kleider
i uzela je jednu od najobičnijih haljina
Die anderen Kleider wollte sie ihren Schwestern schenken
ostale je haljine namjeravala dati svojim sestrama
aber bei diesem Gedanken verschwand die Kleidertruhe
ali na tu pomisao škrinja s odjećom je nestala
Das Biest hatte darauf bestanden, dass die Kleidung nur für sie sei
zvijer je inzistirala da je odjeća samo za nju
ihr Vater sagte ihr, dass dies der Fall sei
otac joj je rekao da je to bio slučaj

und sofort kam die Kleidertruhe wieder zurück
i odmah se kovčeg s odjećom opet vratio
Schönheit kleidete sich mit ihren neuen Kleidern
ljepotica se obukla u svoju novu odjeću
und in der Zwischenzeit gingen die Mägde los, um ihre Schwestern zu finden
a u međuvremenu su sluškinje otišle pronaći njezine sestre
Ihre beiden Schwestern waren mit ihren Ehemännern
obje njezine sestre bile su sa svojim muževima
aber ihre beiden Schwestern waren sehr unglücklich
ali obje su njezine sestre bile vrlo nesretne
Ihre älteste Schwester hatte einen sehr gutaussehenden Herrn geheiratet
njezina se najstarija sestra udala za vrlo zgodnog gospodina
aber er war so selbstgefällig, dass er seine Frau vernachlässigte
ali je bio toliko sklon sebi da je zanemario svoju ženu
Ihre zweite Schwester hatte einen geistreichen Mann geheiratet
njezina se druga sestra udala za duhovitog čovjeka
aber er nutzte seinen Witz, um die Leute zu quälen
ali je svojom duhovitošću mučio ljude
und am meisten quälte er seine Frau
a najviše je mučio svoju ženu
Die Schwestern der Schönheit sahen sie wie eine Prinzessin gekleidet
ljepotičine sestre vidjele su je odjevenu poput princeze
und sie waren krank vor Neid
i razboljeli su se od zavisti
jetzt war sie schöner als je zuvor
sada je bila ljepša nego ikada
ihr liebevolles Verhalten konnte ihre Eifersucht nicht unterdrücken
njezino nježno ponašanje nije moglo ugušiti njihovu ljubomoru
Sie erzählte ihnen, wie glücklich sie mit dem Tier war

rekla im je kako je sretna sa zvijeri
und ihre Eifersucht war kurz vor dem Platzen
a njihova je ljubomora bila spremna prsnuti
Sie gingen in den Garten, um über ihr Unglück zu weinen
Sišli su u vrt da plaču o svojoj nesreći
„Inwiefern ist dieses kleine Geschöpf besser als wir?"
"Po čemu je ovo malo stvorenje bolje od nas?"
„Warum sollte sie so viel glücklicher sein?"
"Zašto bi ona trebala biti toliko sretnija?"
„Schwester", sagte die ältere Schwester
"Sestro", rekla je starija sestra
„Mir ist gerade ein Gedanke gekommen"
"jedna misao mi je upravo pala na pamet"
„Versuchen wir, sie länger als eine Woche hier zu behalten"
"Pokušajmo je zadržati ovdje više od tjedan dana"
„Vielleicht macht das das dumme Monster wütend"
"možda će ovo razbjesniti blesavo čudovište"
„weil sie ihr Wort gebrochen hätte"
"jer bi prekršila riječ"
"und dann könnte er sie verschlingen"
"a onda bi je mogao proždrijeti"
"Das ist eine tolle Idee", antwortete die andere Schwester
"to je sjajna ideja", odgovorila je druga sestra
„Wir müssen ihr so viel Freundlichkeit wie möglich entgegenbringen"
"moramo joj pokazati što više ljubaznosti"
Die Schwestern fassten den Entschluss
sestre su to odlučile
und sie verhielten sich sehr liebevoll gegenüber ihrer Schwester
i ponašale su se vrlo nježno prema svojoj sestri
Die arme Schönheit weinte vor Freude über all ihre Freundlichkeit
jadna ljepotica plakala je od radosti zbog sve njihove dobrote
Als die Woche um war, weinten sie und rauften sich die Haare

kad je tjedan istekao, plakali su i čupali kosu
es schien ihnen so leid zu tun, sich von ihr zu trennen
činilo se da im je tako žao rastati se od nje
und die Schönheit versprach, noch eine Woche länger zu bleiben
a ljepotica je obećala da će ostati tjedan dana duže
In der Zwischenzeit konnte die Schönheit nicht umhin, über sich selbst nachzudenken
U međuvremenu, ljepota nije mogla ne razmišljati o sebi
sie machte sich Sorgen darüber, was sie dem armen Tier antat
brinula se što radi jadnoj zvijeri
Sie wusste, dass sie ihn aufrichtig liebte
zna da ga je iskreno voljela
und sie sehnte sich wirklich danach, ihn wiederzusehen
i doista je čeznula da ga opet vidi
Auch die zehnte Nacht verbrachte sie bei ihrem Vater
i desetu noć provela kod oca
sie träumte, sie sei im Schlossgarten
sanjala je da je u vrtu palače
und sie träumte, sie sähe das Tier ausgestreckt im Gras liegen
i sanjala je da je vidjela zvijer ispruženu na travi
er schien ihr mit sterbender Stimme Vorwürfe zu machen
činilo se da joj predbacuje umirućim glasom
und er warf ihr Undankbarkeit vor
a on ju je optužio za nezahvalnost
Schönheit erwachte aus ihrem Schlaf
ljepotica se probudila iz sna
und sie brach in Tränen aus
a ona je briznula u plač
„Bin ich nicht sehr böse?"
"Nisam li jako zao?"
„War es nicht grausam von mir, so unfreundlich gegenüber dem Tier zu sein?"
"Nije li bilo okrutno od mene što sam se tako neljubazno

ponašao prema zvijeri?"
„Das Biest hat alles getan, um mir zu gefallen"
"zvijer je učinila sve da mi ugodi"
"Ist es seine Schuld, dass er so hässlich ist?"
– Je li on kriv što je tako ružan?
„Ist es seine Schuld, dass er so wenig Verstand hat?"
— Je li on kriv što ima tako malo pameti?
„Er ist freundlich und gut, und das genügt"
"On je ljubazan i dobar, i to je dovoljno"
„Warum habe ich mich geweigert, ihn zu heiraten?"
"Zašto sam se odbila udati za njega?"
„Ich sollte mit dem Monster glücklich sein"
"Trebao bih biti sretan s čudovištem"
„Schau dir die Männer meiner Schwestern an"
"pogledaj muževe mojih sestara"
„Weder Witz noch Schönheit machen sie gut"
"ni duhovitost, ni ljepota ih ne čini dobrima"
„Keiner ihrer Ehemänner macht sie glücklich"
"nijedan od njihovih muževa ih ne usrećuje"
„sondern Tugend, Sanftmut und Geduld"
"nego vrlina, ljupkost i strpljivost"
„Diese Dinge machen eine Frau glücklich"
"ove stvari čine ženu sretnom"
„und das Tier hat all diese wertvollen Eigenschaften"
"i zvijer ima sve te vrijedne kvalitete"
„es ist wahr, ich empfinde keine Zärtlichkeit und Zuneigung für ihn"
"istina je; ne osjećam nježnost naklonosti prema njemu"
„aber ich empfinde für ihn die allergrößte Dankbarkeit"
"ali smatram da imam najveću zahvalnost za njega"
„und ich habe die höchste Wertschätzung für ihn"
"i ja ga najviše cijenim"
"und er ist mein bester Freund"
"i on je moj najbolji prijatelj"
„Ich werde ihn nicht unglücklich machen"
"Neću ga učiniti nesretnim"

„Wenn ich so undankbar wäre, würde ich mir das nie verzeihen"
"Da sam bio tako nezahvalan, nikad si ne bih oprostio"
Schönheit legte ihren Ring auf den Tisch
ljepotica stavi svoj prsten na stol
und sie ging wieder zu Bett
i opet je otišla u krevet
kaum war sie im Bett, da schlief sie ein
jedva da je bila u krevetu prije nego što je zaspala
Sie wachte am nächsten Morgen wieder auf
sljedeće se jutro ponovno probudila
und sie war überglücklich, sich im Palast des Tieres wiederzufinden
i bila je presretna što se našla u zvijerinoj palači
Sie zog eines ihrer schönsten Kleider an, um ihm zu gefallen
odjenula je jednu od svojih najljepših haljina kako bi mu ugodila
und sie wartete geduldig auf den Abend
a ona je strpljivo čekala večer
kam die ersehnte Stunde
je došao željeni čas
die Uhr schlug neun, doch kein Tier erschien
sat je otkucao devet, ali se nije pojavila zvijer
Schönheit befürchtete dann, sie sei die Ursache seines Todes gewesen
ljepotica se tada bojala da je ona uzrok njegove smrti
Sie rannte weinend durch den ganzen Palast
trčala je plačući po cijeloj palači
nachdem sie ihn überall gesucht hatte, erinnerte sie sich an ihren Traum
nakon što ga je posvuda tražila, sjetila se svog sna
und sie rannte zum Kanal im Garten
a ona je otrčala do kanala u vrtu
Dort fand sie das arme Tier ausgestreckt
tamo je našla jadnu zvijer ispruženu
und sie war sicher, dass sie ihn getötet hatte

a bila je sigurna da ga je ubila
sie warf sich ohne Furcht auf ihn
bacila se na njega bez imalo straha
sein Herz schlug noch
srce mu je još kucalo
sie holte etwas Wasser aus dem Kanal
donijela je vode iz kanala
und sie goss das Wasser über seinen Kopf
i izli mu vodu na glavu
Das Tier öffnete seine Augen und sprach mit der Schönheit
zvijer je otvorila oči i obratila se ljepotici
„Du hast dein Versprechen vergessen"
"Zaboravio si obećanje"
„Es hat mir das Herz gebrochen, dich verloren zu haben"
"Srce mi je bilo tako slomljeno što sam te izgubio"
„Ich beschloss, zu hungern"
"Odlučio sam se izgladnjivati"
„aber ich habe das Glück, Sie wiederzusehen"
"ali imam sreću vidjeti te još jednom"
„so habe ich das Vergnügen, zufrieden zu sterben"
"tako da imam zadovoljstvo umrijeti zadovoljan"
„Nein, liebes Tier", sagte die Schönheit, „du darfst nicht sterben"
"Ne, draga zvijeri", reče ljepotica, "ne smiješ umrijeti"
„Lebe, um mein Ehemann zu sein"
"Živi da budeš moj muž"
„Von diesem Augenblick an reiche ich dir meine Hand"
"Od ovog trenutka ti dajem ruku"
„und ich schwöre, niemand anderes als Dein zu sein"
"i kunem se da ću biti samo tvoj"
„Ach! Ich dachte, ich hätte nur Freundschaft für dich."
"Jao! Mislio sam da za tebe imam samo prijateljstvo"
"aber der Kummer, den ich jetzt fühle, überzeugt mich;"
"ali tuga koju sada osjećam uvjerava me;"
„Ich kann nicht ohne dich leben"
"Ne mogu živjeti bez tebe"

Schönheit hatte diese Worte kaum gesagt, als sie ein Licht sah
rijetka ljepotica izgovorila je ove riječi kad je ugledala svjetlo
der Palast funkelte im Licht
palača je svjetlucala
Feuerwerk erleuchtete den Himmel
vatromet je obasjao nebo
und die Luft erfüllt mit Musik
a zrak ispunjen glazbom
alles kündigte ein großes Ereignis an
sve je davalo navijest o nekom velikom događaju
aber nichts konnte ihre Aufmerksamkeit fesseln
ali ništa joj nije moglo zadržati pozornost
sie wandte sich ihrem lieben Tier zu
obratila se svojoj dragoj zvijeri
das Tier, vor dem sie vor Angst zitterte
zvijer za kojom je drhtala od straha
aber ihre Überraschung über das, was sie sah, war groß!
ali njezino je iznenađenje bilo veliko onim što je vidjela!
das Tier war verschwunden
zvijer je nestala
stattdessen sah sie den schönsten Prinzen
umjesto toga vidjela je najljupkijeg princa
sie hatte den Zauber beendet
stala je na kraj čaroliji
ein Zauber, unter dem er einem Tier ähnelte
čaroliju pod kojom je nalikovao zvijeri
dieser Prinz war all ihre Aufmerksamkeit wert
ovaj je princ bio vrijedan sve njezine pažnje
aber sie konnte nicht anders und musste fragen, wo das Biest war
ali nije mogla a da ne upita gdje je zvijer
„Du siehst ihn zu deinen Füßen", sagte der Prinz
Vidiš ga kod svojih nogu, reče princ
„Eine böse Fee hatte mich verdammt"
"Osudila me opaka vila"

„Ich sollte diese Gestalt behalten, bis eine wunderschöne Prinzessin einwilligte, mich zu heiraten."
"Trebao sam ostati u takvom obliku dok se lijepa princeza ne pristane udati za mene"
„Die Fee hat mein Verständnis verborgen"
"vila je sakrila moje razumijevanje"
„Du warst der Einzige, der großzügig genug war, um von meiner guten Laune bezaubert zu sein."
"ti si jedini bio dovoljno velikodušan da te očara dobrota moje ćudi"
Schönheit war angenehm überrascht
ljepotica je bila sretno iznenađena
und sie gab dem bezaubernden Prinzen ihre Hand
i pružila je dražesnom princu svoju ruku
Sie gingen zusammen ins Schloss
otišli su zajedno u dvorac
und die Schöne war überglücklich, ihren Vater im Schloss zu finden
a ljepotica je bila presretna što je zatekla oca u dvorcu
und ihre ganze Familie war auch da
i cijela njezina obitelj također je bila tamo
sogar die schöne Dame, die in ihrem Traum erschienen war, war da
čak je i lijepa dama koja joj se pojavila u snu bila tamo
"Schönheit", sagte die Dame aus dem Traum
"ljepota", rekla je dama iz sna
„Komm und empfange deine Belohnung"
"dođi i primi svoju nagradu"
„Sie haben die Tugend dem Witz oder dem Aussehen vorgezogen"
"više voliš vrlinu nego pamet ili izgled"
„und Sie verdienen jemanden, in dem diese Eigenschaften vereint sind"
"i zaslužuješ nekoga u kome su ove kvalitete ujedinjene"
„Du wirst eine großartige Königin sein"
"ti ćeš biti velika kraljica"

„Ich hoffe, der Thron wird deine Tugend nicht schmälern"
"Nadam se da prijestolje neće umanjiti tvoju vrlinu"
Dann wandte sich die Fee an die beiden Schwestern
onda se vila okrenu dvjema sestrama
„Ich habe in eure Herzen geblickt"
"Vidio sam unutar vaših srca"
„**und ich kenne die ganze Bosheit, die in euren Herzen steckt"**
"i znam svu zlobu koja tvoja srca sadrže"
„Ihr beide werdet zu Statuen"
"vas dvoje ćete postati kipovi"
„Aber ihr werdet euren Verstand bewahren"
"ali zadržat ćeš se"
„Du sollst vor den Toren des Palastes deiner Schwester stehen"
"stajat ćeš na vratima palače svoje sestre"
„Das Glück deiner Schwester soll deine Strafe sein"
"sreća tvoje sestre bit će tvoja kazna"
„**Sie werden nicht in Ihren früheren Zustand zurückkehren können"**
"nećeš se moći vratiti u svoja bivša stanja"
„es sei denn, Sie beide geben Ihre Fehler zu"
"osim ako oboje ne priznate svoje greške"
„**Aber ich sehe voraus, dass ihr immer Statuen bleiben werdet"**
"ali predviđam da ćete uvijek ostati kipovi"
„**Stolz, Zorn, Völlerei und Faulheit werden manchmal besiegt"**
"ponos, ljutnja, proždrljivost i besposlica ponekad se pobjeđuju"
„**aber die Bekehrung neidischer und böswilliger Gemüter sind Wunder"**
" ali obraćenje zavidnih i zlonamjernih umova su čuda"
sofort strich die Fee mit ihrem Zauberstab
odmah vila udari štapićem
und im nächsten Augenblick waren alle im Saal entrückt

i u trenu su se prevezli svi koji su bili u dvorani
Sie waren in die Herrschaftsgebiete des Fürsten eingedrungen
bili su otišli u kneževu vlast
die Untertanen des Prinzen empfingen ihn mit Freude
kneževi su ga podanici s radošću primili
der Priester heiratete die Schöne und das Biest
svećenik je vjenčao ljepoticu i zvijer
und er lebte viele Jahre mit ihr
i živio je s njom mnogo godina
und ihr Glück war vollkommen
i njihova je sreća bila potpuna
weil ihr Glück auf Tugend beruhte
jer je njihova sreća bila utemeljena na vrlini

Das Ende
Kraj

www.tranzlaty.com

www.ingramcontent.com/pod-product-compliance
Lightning Source LLC
Chambersburg PA
CBHW011552070526
44585CB00023B/2565